SACHBUCH

UND
BESTIMMEN

BÄUME

Esmond Harris

BÄUME

Aus dem Englischen von
Hans Joachim Conert

RAVENSBURGER BUCHVERLAG

Mit Bildern von Annabel Milne und Peter Stebbing

Deutsche Erstausgabe
als Ravensburger Taschenbuch
Band 3025
erschienen 1996

Erstmals in den Ravensburger
Taschenbüchern erschienen 1987
(als RTB 496)

Die Originalausgabe erschien 1978
im Verlag Usborne Publishing Ltd., London
unter dem Titel „Spotter's Guide to Trees“

Umschlagillustration: Jens Schmidt
unter Verwendung von Motiven des
Originalumschlags

RTB-Reihenkonzeption:
Heinrich Paravicini, Jens Schmidt

**Gesamtherstellung: Appl, Wemding
Printed in Germany**

6 5 4 3 2 1 01 00 99 98 97 96

ISBN 3-473-53025-5

SACHBUCH

INHALT

Einleitung

Wie man dieses Buch benutzt

Dieses Buch soll dir die Möglichkeit geben, unsere heimischen Bäume sowie die wichtigsten Bäume Europas zu erkennen. Es ist ein Bestimmungsbuch, das du auf deine Streifzüge mitnehmen kannst, um an Ort und Stelle einen Baum zu bestimmen.
Es sind nicht nur einheimische Bäume abgebildet, sondern auch solche, die aus Amerika oder Asien stammen und häufig bei uns (z.B. in Parks) angepflanzt werden. Du kannst einen Baum bestimmen, indem du seine Blätter, Blüten, Zweige und Früchte mit den Abbildungen des Buches vergleichst. Weitere Informationen, z.B. über Blütezeit, Fundorte und Größe, geben die kurzen Begleittexte.

Neben jedem Namen ist ein kleiner Kreis, in dem du einen richtig bestimmten Baum gleich abhaken kannst.

Bei vielen aus Übersee stammenden Bäumen ist die Blütezeit nicht angegeben, da sie sehr unauffällige Blüten haben.

Punktekarte

Seite	Art (Name des Baumes)	Pkt.	Datum	Datum	Datum
13	Waldkiefer	5			
13	Strandkiefer	15			
14	Pinie	15			
14	Drehkiefer	15			
15	Schwarzkiefer	25			
15	Aleppokiefer	25			
16	Zirbelkiefer, Arve	15			

Am Ende des Buches findest du Punktekarten, die dir für jede Entdeckung 5, 15 oder 25 Punkte geben. Die Zahl der Punkte richtet sich nach der Seltenheit des Baumes und nach der Schwierigkeit, ihn zu bestimmen. Am Ende einer Wanderung kannst du die Punkte zusammenzählen.

Die Teile eines Baumes

Der Baum ist eine vieljährige Pflanze, deren Stengel (Stamm), Äste und Zweige holzig sind und im Winter nicht absterben.
Man unterscheidet zwei große Gruppen: die Nadelbäume (oder Koniferen) und die Laubbäume. Die meist immergrünen Nadelbäume haben schmale, nadelförmige Blätter oder nur kleine Schuppen, die den Ästen anliegen. Die Blüten sind in männlichen und weiblichen Zapfen angeordnet. Die weiblichen verholzen, öffnen sich zur Reifezeit und entlassen die Samen.
Die Laubbäume haben breite, meist dünne Blätter, die sie in unserem Klima im Herbst abwerfen. Die Früchte sind sehr verschieden ausgebildet.

Blätter

Es gibt viele verschiedene Blattformen, einige werden hier gezeigt:
Ein Blatt ist entweder ungeteilt

oder es ist aus mehreren Blättchen zusammengesetzt.

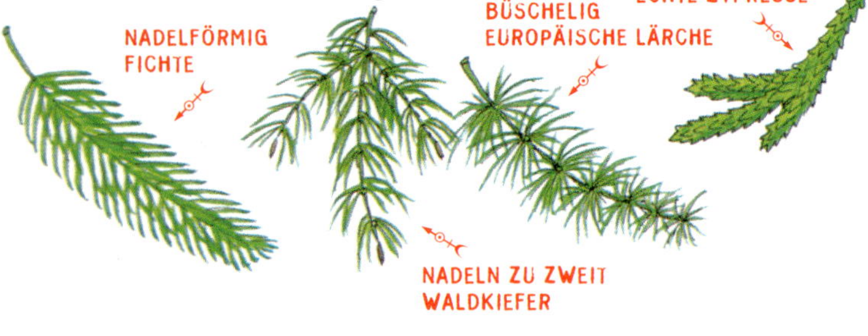

FINGERFÖRMIG
GETEILT
ROSSKASTANIE

UNPAARIG
GEFIEDERT
VOGELBEERE

Blüten

Auch Bäume habe Blüten, aus denen sich Früchte und Samen entwickeln.

BLÜTENKÄTZCHEN
HÄNGEBIRKE

SCHMETTERLINGSBLÜTE
GOLDREGEN

BLÜTE
WILDER
APFELBAUM

JUNGE ZAPFEN LÄRCHE

Früchte und Samen

Aus den Samen entwickelt sich ein neuer Baum. Die Laubbäume haben sehr verschiedene Früchte.

STEINFRUCHT
STECHPALME

EICHEL

BUCHECKER

KERNFRUCHT
BIRNE

Bei den Nadelbäumen gibt es keine Früchte. Die Samen sitzen an Samenschuppen, die mit den Deckschuppen zusammen einen Zapfen bilden.

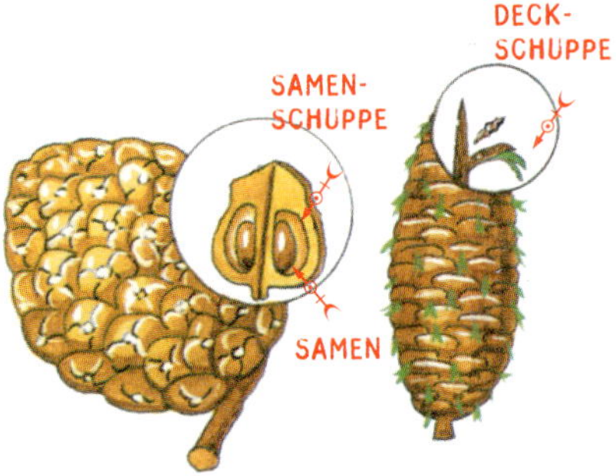

Rinde oder Borke nennt man die äußerste Schicht des Stammes.

Die Äste, Zweige und Blätter eines Baumes bilden seine Krone.

Nadelbäume

WALDKIEFER

Nadeln unterseits blaugrün. Zapfen zuerst grün, später verholzend. Kiefern- und trockene Mischwälder, häufig angepflanzt. Wichtiges Bau- und Möbelholz.
Mai – Juni.

STRANDKIEFER

Stamm aufrecht, mit dichter, kugelförmiger Krone. In den westlichen Mittelmeerländern häufig und verbreitet.

PINIE

Stamm dick und mit schirmförmiger, ausgebreiteter Krone. Nadeln 10 – 20 cm lang. Samen eßbar. In den Mittelmeerländern häufig; bei uns nicht winterhart. Wichtiges Bauholz.

DREHKIEFER

Oft buschförmig. Nadeln dunkelgrün, gedreht. In Wäldern und Parks angepflanzt. Heimat: Nordamerika.

BIS 20 M

JUNGER SPROSS IM FRÜHSOMMER

NADELN ZU ZWEIT

ZAPFEN 4 - 8 CM LANG, BRAUNGELB

KNOSPE

SCHWARZKIEFER ●

Rinde schwarzbraun. Nadeln 10 – 17 cm lang, dunkelgrün. Zapfen ungestielt, glänzend, bräunlichgelb. Häufig in Gärten und Parks angepflanzt. Heimat: Südeuropa. Juni.

BIS 20 M

JUNGER SPROSS

NADELN ZU ZWEIT, 5 - 15 CM LANG

ALEPPOKIEFER ●

Rinde grau und glatt. Krone schirmförmig. Wird im südlichen Mitteleuropa angepflanzt. Heimat: Mittelmeerländer.

ZAPFEN KEGELFÖRMIG, BLEIBT VIELE JAHRE AM AST

KNOSPE

ZIRBELKIEFER, ARVE

Nadeln 6 – 12 cm lang, steif, dreikantig, rauh. Zapfen eiförmig, zuerst violett, später braun. Same haselnußgroß, eßbar. Wild nur in den Alpen; sonst zuweilen auch angepflanzt. Juni – Juli.

MONTEREYKIEFER

Krone breit und ausladend. Nadeln hellgrün, schmal. Knospen spitz und stechend. Zapfen den Ästen anliegend. Heimat: Nordamerika. Juni – Juli.

GEMEINE FICHTE

Nadeln vierkantig, spitz und stechend. Zweige rauh wie eine Raspel. Wild nur in den Mittelgebirgen und Alpen, aber angepflanzt überall. Wichtig als Bauholz. April – Juni.

SITKAFICHTE

Wuchs kegelförmig. Nadeln blauweiß, dünn, stechend. Heimat: Nordamerika. Blütezeit April – Juni.

EUROPÄISCHE LÄRCHE

Rinde graubraun. Junge Zweige dunkelbraun. Nadeln im Herbst abfallend. Zapfen bis 2 cm lang. Nadelwälder; in den Alpen wild, sonst angepflanzt. April – Juni.

JAPANISCHE LÄRCHE

Junge Zweige rot bis dunkelrot. Nadeln blaugrün, 2 – 3,5 cm lang. Zapfen 1,5 – 4 cm lang. Als Forstbaum angepflanzt. Heimat: Japan. April – Mai.

NUTKA-SCHEINZYPRESSE

Schlank, mit aufrechten Ästen. Zweige dicht mit Schuppen besetzt. Samen breit geflügelt. Zuweilen in Parks als Zierbaum angepflanzt. Heimat: Nordamerika.

WEISSTANNE

Nadeln flach, Unterseite mit zwei Wachsstreifen. Zweige rund und glatt. Nur in Süd- und Mitteldeutschland heimisch, sonst angepflanzt. Wertvolles Holz für Möbel und Geigenböden. Mai – Juni.

GRIECHISCHE TANNE

Äste weit abstehend, dicht verzweigt. Nadeln 1,5 – 3 cm lang. Zapfen 12 – 20 cm lang, sehr harzig. In Gärten und Parks angepflanzt. Heimat: Griechenland.

15 - 20 M

NADELN FLACH, SPITZ UND STECHEND

RINDE PLATTENFÖRMIG

SPANISCHE TANNE

Äste dicht verzweigt. Zweige gelblich. Ringsum stehende, dunkelgrüne, kurzgestielte Nadeln. Zapfen 10 – 15 cm lang. In Anlagen angepflanzt. Heimat: Spanien.

NADELN 1,5 CM LANG, STECHEND

BIS 25 M

RIESENTANNE

Pyramidenförmig, mit langen, schlanken Ästen. Nadeln an zwei Seiten der Zweige stehend, vorn eingekerbt. Als Zierbaum angepflanzt. Heimat: Nordamerika.

SILBERTANNE, EDELTANNE

Einzelstehende Bäume bis unten mit überhängenden Ästen besetzt. Nadeln 2,5 – 4 cm lang, dichtgestellt, dick. Heimat: Nordamerika.

DOUGLASFICHTE

Nadeln flach, spitz. Zapfen hängend, zur Reifezeit im ganzen abfallend. Als Waldbaum angepflanzt. Wertvolles Tischlerholz. Heimat: Nordamerika.

WESTAMERIKANISCHE HEMLOCKTANNE

Pyramidenförmig, mit herabhängenden Zweigen. Nadeln schmal, auf der Unterseite mit zwei weißen Streifen. Selten; in Nadelwäldern angepflanzt. Heimat: Nordamerika.

GIPFELTRIEB AUFRECHT

BIS 60 M

ZAPFEN 1 CM LANG

RIESENLEBENSBAUM

Pyramidenförmig, mit stark verzweigten Ästen. Nadeln schuppenförmig. Heimat: Nordamerika.

TRIEBE FLACH, OBERSEITS DUNKELGRÜN, UNTERSEITS MIT GRAUGRÜNEN FELDERN

GIPFELTRIEB ÜBERHÄNGEND

BIS 25 M

ZAPFEN KUGELFÖRMIG, 1 CM BREIT

NADELN SCHUPPENFÖRMIG

LAWSONS-SCHEINZYPRESSE

Pyramidenförmig, mit abstehenden Ästen. Zweige flach, oberseits grün, unterseits weißlichgrün. Samen breit geflügelt. In vielen Formen als Zierbaum angepflanzt. Heimat: Kalifornien.

ECHTE ZYPRESSE

Pyramidenförmig, schlank. Zweige dicht mit kleinen Schuppen besetzt, beiderseits dunkelgrün. Im Mittelmeergebiet häufig. Heimat: Kreta, Orient.

BIS 25 M

ZAPFEN HELLBRAUN, WALNUSSGROSS, MIT VIELEN SAMEN

ZWEIGE SCHLANK, 4-KANTIG

MONTEREYZYPRESSE

Krone anfangs zylinderförmig, später ausgebreitet. Zweige schmal, dicht mit kleinen, schuppenförmigen Nadeln besetzt. In Südeuropa zuweilen angepflanzt. Heimat: Nordamerika.

ZWEIGE RIECHEN BEIM ZERREIBEN NACH ZITRONE

BIS 25 M

ZAPFENSCHUPPEN MIT EINER SPITZE

RINDE RISSIG

SUMPFZYPRESSE

Pyramidenförmig, breit. Stamm mit braunroter Rinde. Nadeln weich, im Herbst abfallend. Manchmal in Anlagen an feuchten Stellen gepflanzt. Heimat: Nordamerika.

BASTARDZYPRESSE

Kreuzung zwischen Nutka-Scheinzypresse und Montereyzypresse. Zapfen werden selten ausgebildet; Vermehrung durch Stecklinge. Nur in botanischen Gärten.

SICHELTANNE

Pyramidenförmig. Rinde rotbraun, rissig. Zapfen mit vielen gezackten Schuppen. In Gärten als Zierbaum gepflanzt. Heimat: Japan und China.

WACHOLDER

Säulenförmig, dicht. Nadeln auf der Oberseite mit einem weißen Längsstreifen. Zapfen erbsengroß, blaugrau, bereift. Trockene Nadel- und Eichenwälder. April – Mai.

EIBE

Bäume männlich oder weiblich. Nadeln bis 3 cm lang, flach, immergrün. Zerstreut, in Wäldern; oft in Parks und Gärten angepflanzt. Wertvolles Möbelholz. Sehr giftig! März – April.

URWELT-MAMMUTBAUM, METASEQUOIA

Stamm 1 – 2 m dick. Nadeln in zwei Zeilen an den Zweigen stehend. Erst 1941 in China entdeckt, bei uns zunehmend in Gärten; Parks und Wäldern angepflanzt.

IMMERGRÜNER MAMMUTBAUM

Stamm 4 – 8 m dick. Rinde rot, rissig. Nadeln flach, 1 – 2 cm lang. Bei uns nur in den wärmsten Gebieten in großen Parks angepflanzt. Heimat: Nordamerika.

ECHTER MAMMUTBAUM

Stamm bis 10 m dick. Nadeln kurz und fast schuppenförmig. In den wärmeren Gebieten in großen Parks angepflanzt. Heimat: Nordamerika.

ATLASZEDER

Krone auch bei alten Bäumen pyramidenförmig, Spitze aufrecht, Äste kürzer als bei anderen Zedern. Zapfen zur Reifezeit in Schuppen zerfallend. In Parks angepflanzt. Heimat: Nordafrika.

LIBANONZEDER

Junge Bäume mit pyramidenförmiger Krone und an der Spitze überhängend, ältere mit schirmförmiger Krone. In wärmeren Gegenden in Parks angepflanzt. Heimat: Taurus, Libanon.

CHILENISCHE ARAUKARIE

Krone kurz, schirmförmig. Nadeln 3 – 5 cm lang, 2 cm breit, hart, stechend. Zapfen 20 cm lang. Selten, in wärmeren Lagen in Parks angepflanzt. Heimat: Chile.

HIMALAJAZEDER

Krone auch bei alten Bäumen pyramidenförmig, Äste kurz. Zweige dünn und überhängend. Selten, in Anlagen angepflanzt. Frostempfindlich. Heimat: Nordindien.

Laubbäume

STIELEICHE

Kann über 1000 Jahre alt werden. Stamm oft sehr dick, mit tief gefurchter Borke. Blätter kurz gestielt. Fruchtbecher kahl. Laubwälder; verbreitet. April – Mai.

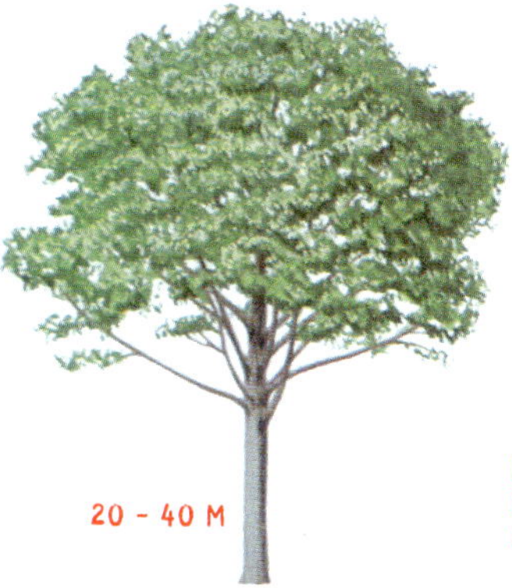

TRAUBENEICHE

Blätter gelappt, allmählich in den Stiel verschmälert, unterseits schwach behaart. Fruchtbecher kahl. Häufig. Mai.

STEINEICHE

Stamm mit rissiger Rinde. Blätter hart, oberseits glänzend, unterseits weiß behaart. Im Mittelmeergebiet verbreitet. Holz wird zur Herstellung von Möbeln verwendet. April – Mai.

ZERREICHE

Blätter zuerst filzig behaart, später nur auf der Unterseite über den Nerven behaart. Als Forstbaum angepflanzt. Heimat: Südeuropa. April.

KORKEICHE

Stamm mit sehr dicker, korkartiger Rinde. Blätter unterseits weißfilzig. Wächst in Südeuropa. Rinde zur Herstellung von Flaschenkorken verwendet, Holz als Brennmaterial. April.

ROTEICHE

Blätter 10 – 20 cm lang, beidseitig mit 4 – 6 gezähnten Lappen. Fruchtbecher mit kahlen Schuppen. Heimat: Nordamerika.

GEMEINE ESCHE

Blätter mit 9 – 13 Blättchen. Blüten vor den Blättern erscheinend. Knospen schwarz. In Laubwäldern, häufig. Holz wird zu Ski und Rudern verarbeitet. April – Mai.

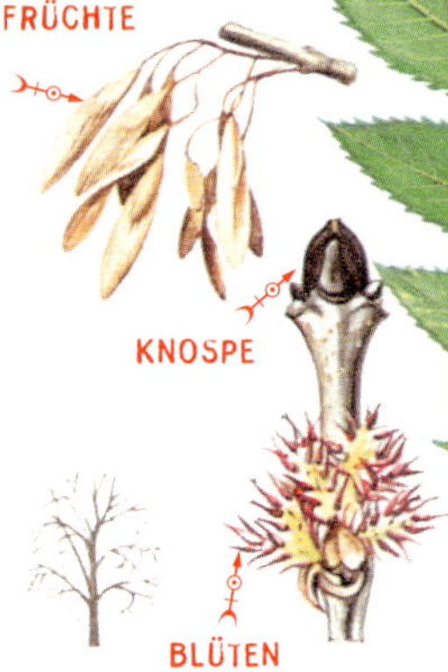

MANNAESCHE

Auch Blumenesche genannt. Blätter mit 7 – 9 Blättchen. Blüten mit den Blättern erscheinend. Knospen grau. In Parks angepflanzt. Heimat: östliches Mittelmeergebiet bis Südostösterreich. Mai – Juni.

SCHWARZE ERLE

Zweige kahl. Blätter oberseits kahl, unterseits hellgrün, mit rotbraunen Haarbüscheln. Verbreitet und häufig. Holz wird für Drechslerarbeiten verwendet. März – April.

GRAUERLE

Zweige fein behaart. Blätter unterseits grau und weichhaarig, doppelt gesägt. Vermehrt sich durch Wurzeltriebe. Zerstreut bis verbreitet. Februar – April.

VOGELBEERE, EBERESCHE

Blätter aus 9 – 15 Blättchen zusammengesetzt, unterseits behaart. Früchte bitter, aber vitaminreich. Wälder, Kahlschläge; verbreitet. Holz wird zum Schnitzen verwendet. Mai – Juli.

MEHLBEERE

Blätter in der unteren Hälfte gelappt, eiförmig. Blüten in etwa 5 cm breiten Rispen. Früchte geschmacklos. Waldränder, felsige Hänge. Mai – Juni.

ZITTERPAPPEL

Auch Espe genannt. Stamm zuerst glatt, später mit rissiger, dunkler Borke. Blätter fast kreisförmig, stumpf gezähnt. Lichte Laubwälder; verbreitet. Holz wird zu Streichhölzern verarbeitet. März – April.

SCHWARZPAPPEL

Stamm mit schwärzlicher Borke. Blätter dreieckig, gezähnt, unterseits hellgrün. Feuchte Wälder, verbreitet; zuweilen angepflanzt. März – April.

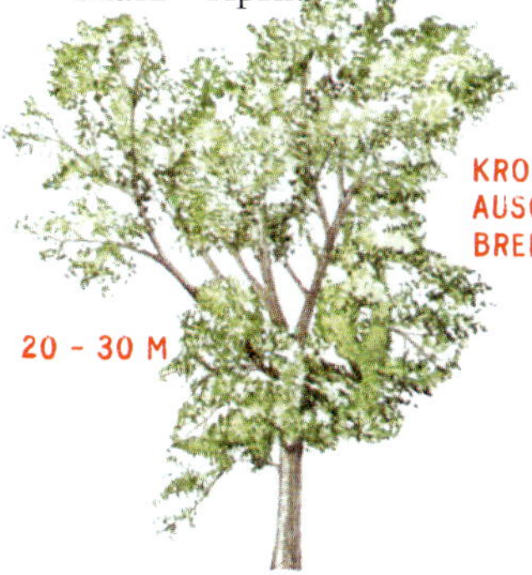

SILBERPAPPEL

Zweige behaart. Blätter 5-lappig, unterseits weißfilzig, später verkahlend. Auwälder, zerstreut; häufig als Zierbaum angepflanzt. Heimat: Europa und Asien. März – Mai.

RAUHFRUCHTPAPPEL

Junge Zweige kantig, zerstreut behaart. Blätter eiförmig, unterseits gelblichweiß, gerippt. Zuweilen als Zierbaum angepflanzt. Heimat: Nordamerika.

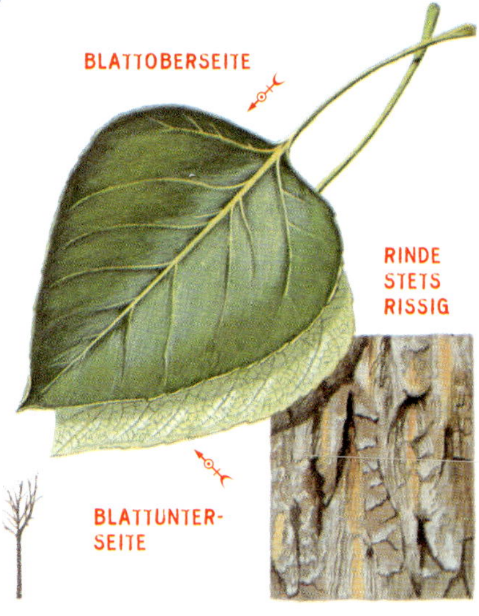

PYRAMIDENPAPPEL

Schmal-pyramidenförmig, alle Äste steil aufrecht. Häufig als Straßenbaum angepflanzt. Wahrscheinlich in Italien entstanden. Vermehrung durch Ableger.

GRAUPAPPEL

Kreuzung zwischen Silberpappel und Zitterpappel. Blätter kreisrund und etwas gelappt, auf der Unterseite graufilzig behaart, später verkahlend. In Laubwäldern; zerstreut; auch angepflanzt. April.

SALWEIDE

Blätter eiförmig, etwas gekerbt, oberseits dunkelgrün und kahl, unterseits blaugrün und filzig. Laubwälder, Lichtungen; häufig. Holz sehr weich. März – Mai.

BRUCHWEIDE

Blätter lang und schmal, zugespitzt, dicht gesägt, oberseits grün, unterseits graugrün. In feuchten Wäldern; zerstreut; auch angepflanzt. April – Mai.

SILBERWEIDE

Blätter oberseits dunkelgrün, unterseits heller; fein gesägt, beiderseits seidig behaart. Auwälder, feuchte Ufer; häufig als Zierbaum angepflanzt. April – Mai.

HÄNGEBIRKE

Junge Zweige herabhängend. Blätter dreieckig, mit langer Spitze. Früchte geflügelt. In Wäldern. Wertvolles Möbelholz. April – Mai.

ROTBUCHE

Blätter zuerst seidig behaart, grün oder rotbraun (Blutbuche). Früchte (Bucheckern) eßbar, dreikantig. Überall in Laubwäldern. Holz wird zu Möbeln verarbeitet. April – Mai.

HAINBUCHE

Blätter schmal-eiförmig, zugespitzt. Frucht mit einer 3-lappigen Hülle verwachsen. Laubwälder, auch als Hecke angepflanzt. Mai – Juni.

WILDER APFELBAUM

Blüten rötlichweiß bis rot, mit gelben Staubgefäßen. Früchte (Holzäpfel) nur etwa 3 cm breit. Laubwälder. Holz für Schnitzarbeiten verwendet. Mai.

WILDER BIRNBAUM

Buschförmig oder baumförmig. Seitenäste meist dornig. Blüten weiß oder rosa, mit roten Staubgefäßen. Trockene Wälder; zerstreut. April – Mai.

SCHEINBUCHE

Blätter 2 – 3 cm lang, viel kleiner als bei der Buche. Nur in warmen Gebieten Westdeutschlands als Zierbaum angepflanzt. Heimat: Südamerika.

FLATTERULME

Blätter 5 – 15 cm lang. Blüten und Früchte langgestielt. Früchte kreisförmig, am Rand bewimpert. In Auwäldern; zerstreut. Wertvolles Möbelholz. März – April.

AHORNBLÄTTRIGE PLATANE

Blätter 15 – 25 cm breit, bis zur Mitte in 3 – 5 Lappen geteilt. Früchte in 2 – 3 cm großen Kugeln angeordnet. Als Zierbaum angepflanzt. Herkunft unbekannt. Mai.

BERGAHORN

Blätter 5-lappig, oberseits dunkelgrün, unterseits graugrün. Blüten und Früchte in einer hängenden Traube. Laubwälder; verbreitet. Mai – Juni.

SPITZAHORN

Blätter 5- bis 7-lappig, beiderseits grün. Blütenstand aufrecht, büschelförmig. Laubwälder; verbreitet. Wertvolles Tischlerholz. April – Mai.

FELDAHORN

Blätter 5-lappig, kleiner als bei den vorigen Arten, unterseits behaart. In Wäldern; verbreitet und häufig; in Anlagen angepflanzt. Mai.

WINTERLINDE

Blätter unterseits blaugrün, kahl, nur in den Achseln der Nerven braunbärtig. Laubwälder; auch angepflanzt. Holz wird für Drechslerarbeiten verwendet. Juni – Juli.

SILBERLINDE

Junge Zweige und Blattunterseite graufilzig behaart. Blätter oberseits dunkelgrün. Als Straßenbaum gepflanzt. Heimat: Südosteuropa, Westasien. Juli – August.

FELDULME

Zweige kahl. Früchte kreisförmig. Überall in feuchten Laubwäldern. Wertvolles Möbelholz. März – April.

BERGULME

Zweige borstig behaart. Blüten – wie bei allen Ulmen – vor den Blättern erscheinend. In feuchten Laubwäldern, vor allem in Süddeutschland. Wertvolles Möbelholz. März – April.

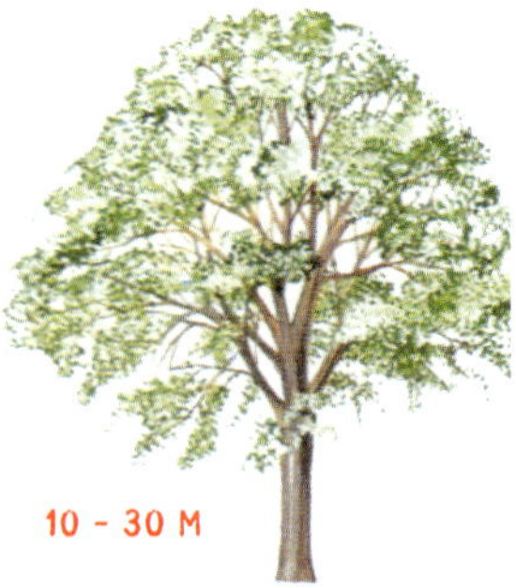

ROSSKASTANIE

Knospen klebrig. Frucht stachelig, mit einem braunen Samen (Kastanie). Seit 1576 bei uns angepflanzt. Heimat: Griechenland, Bulgarien. Früher wertvolles Tischlerholz. Mai – Juni.

ECHTE KASTANIE

Blätter unterseits behaart. In Süddeutschland eingebürgert, sonst angepflanzt. Heimat: Mittelmeergebiet. Mai – Juni.

VOGELKIRSCHE

Blattstiel am oberen Ende mit 1 – 2 auffallenden Drüsen. Wild (mit etwa 0,5 cm großen Früchten) in Laubwäldern. Wertvolles Tischlerholz. Kultursorten als Obstbaum angepflanzt. April – Mai.

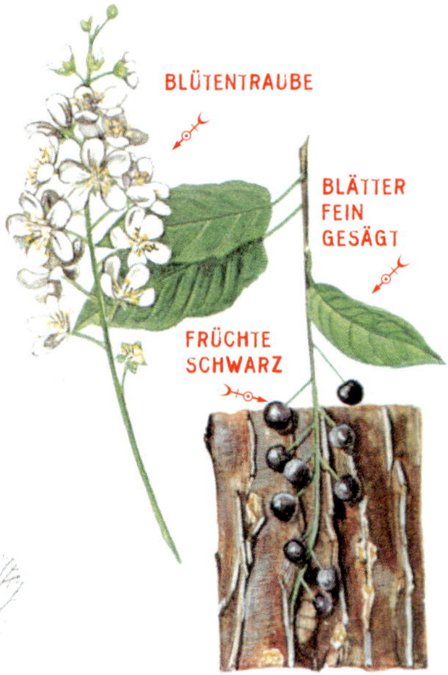

TRAUBENKIRSCHE

Blätter fein gesägt und etwas runzelig. Blüten in einer dichten Traube. Frucht etwa 8 mm groß, eßbar. Zerstreut bis verbreitet. Mai – Juni.

SCHWARZER MAULBEERBAUM

Blätter 7 – 16 cm lang, rauh. Früchte zu einer himbeerähnlichen, eßbaren Scheinfrucht (Maulbeere) zusammengeschlossen. In warmen Gegenden angepflanzt. Heimat: Kaukasus und Persien. Mai.

WALNUSSBAUM

Blüten eingeschlechtig. Früchte kugelig, mit einem runzeligen Steinkern. Der Same (Walnuß) ist eßbar. Wälder im Weinbauklima; häufig angepflanzt. April – Mai.

GEMEINE ROBINIE

Weiße Schmetterlingsblüten in Trauben; aus ihnen entwickeln sich flache Hülsen. Häufig angepflanzt. Heimat: Nordamerika. Sehr hartes Holz. Mai – Juni.

GEMEINER GOLDREGEN

Schmetterlingsblüten in hängenden Trauben. Hülsen behaart, Samen giftig! Trockene Wälder; oft in Gärten und Parks angepflanzt. Gutes Tischlerholz. Mai – Juni.

GEMEINE STECHPALME

Blüten klein. Rote Steinfrucht mit vier Samen. Wälder in Süd-, West- und Norddeutschland; sonst nur angepflanzt. Wertvolles Tischlerholz. Mai – Juni.

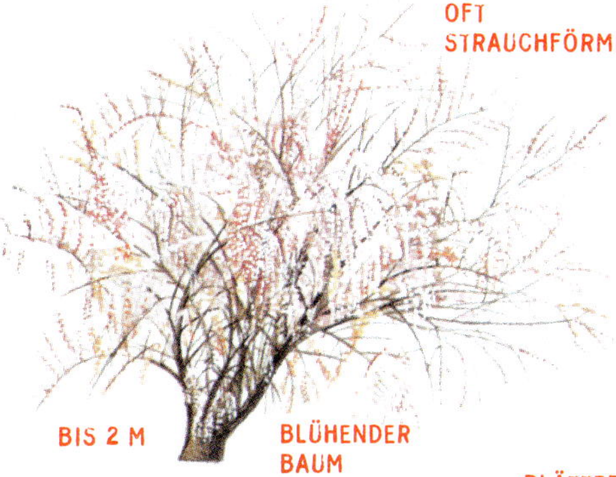

TAMARISKE

Blätter schuppenförmig, blaugrün, am Rand häutig. Blüten klein, rosa. Häufig in Gärten und Parks angepflanzt. Heimat: Mittelmeerländer. Juni – August.

ÖLBAUM

Blüten weiß und klein. Frucht eine eiförmige, anfangs grüne, später dunkelblaue Steinfrucht. In den Mittelmeerländern überall zur Ölgewinnung (Olivenöl) angebaut.

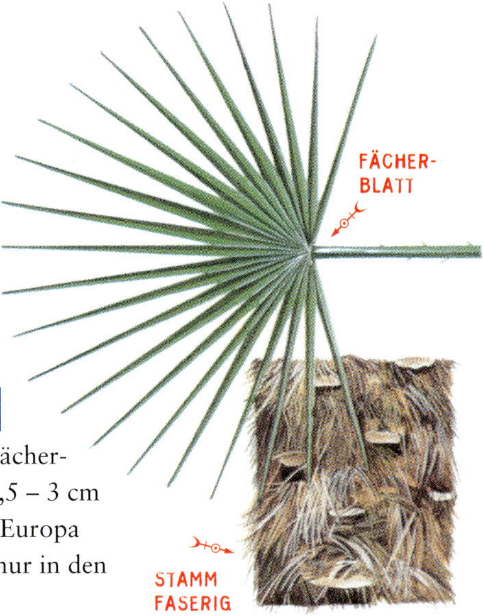

ZWERGPALME

Blätter groß, blaugrün, fächerförmig geteilt. Früchte 1,5 – 3 cm groß, rot. Die einzige in Europa wild wachsende Palme; nur in den Mittelmeerländern.

TULPENBAUM

Krone groß und dicht. Blätter bis 10 cm lang. Blüten tulpenähnlich, bis 6 cm groß. In Parks und Anlagen angepflanzt. Heimat: Nordamerika.
Mai – Juni.

FRUCHTZAPFEN

BLATTLAPPEN ZUGESPITZT

BLÜTE

20 - 30 M

GINKGOBAUM

Bäume eingeschlechtig, mit den Koniferen verwandt! Blätter 5 – 8 cm lang, am vorderen Rand wellig, in der Mitte eingekerbt.
1730 aus Ostasien eingeführt und in Parks angepflanzt.
März – April.

BLÄTTER KEILFÖRMIG, EINGEKERBT

SAME KUGELIG, STINKEND

STAMM AUFRECHT, ÄSTE ABSTEHEND

30 - 40 M

Sträucher

SANDDORN

Strauch männlich oder weiblich. Blätter lang und schmal. An Gebirgsflüssen und auf Dünen an der Küste; auch angepflanzt. April.

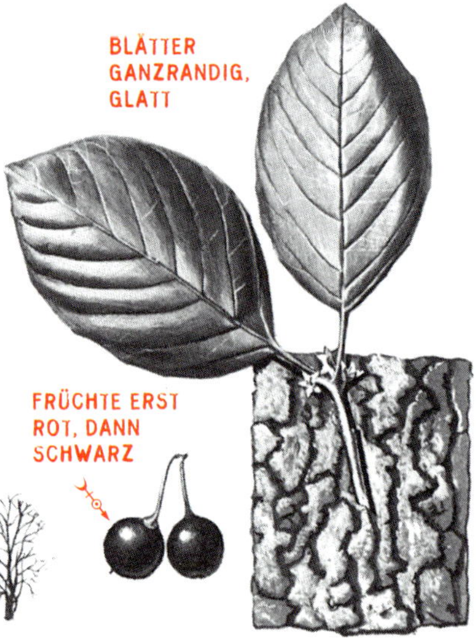

FAULBAUM

Zweige glatt, weit abstehend. Blätter eiförmig, im Herbst gelb, mit bogenförmigen Nerven. Blüten 5-zählig, grünlich. Verbreitet. Mai – Juni.

EINGRIFFELIGER WEISSDORN

Strauch oder Baum. Blätter tief geteilt. Blüten in reichblütigen Rispen, Stiele behaart. Gebüsche, Laubwälder; verbreitet. Holz sehr fest. Mai – Juni.

ZWEIGRIFFELIGER WEISSDORN

Strauch. Blätter schwach 3-lappig, tief gesägt. Blütenstiele kahl. Lichte Gebüsche; verbreitet. Holz für Schnitzarbeiten geeignet. April.

GEMEINER SCHNEEBALL

Blattstiele mit zwei Drüsen. Blätter im Herbst gelb oder rot. Blüten in dichten Doldenrispen. Feuchte Gebüsche und Auwälder; verbreitet. Mai – Juli.

ELSBEERE

Blätter 5- bis 7-lappig, im Herbst blutrot gefärbt, die untersten Lappen am größten und weit abstehend. Laubwälder, oft auf Kalk; zerstreut. Mai – Juni.

Wir bestimmen blattlose Zweige

Im Winter kann man viele Laubbäume an den Knospen erkennen:

Stieleiche (S. 31)

Zahlreiche breite, hellbraune Knospen an rauhen Zweigen

Gemeine Esche (S. 34)

Große schwarze Knospen an den silbergrauen Zweigen

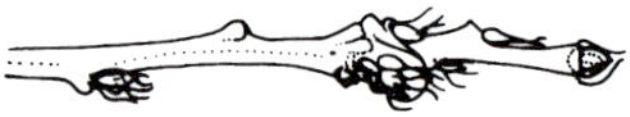

Zerreiche (S. 32)

Viele schmale, braune, bewimperte Knospen

Schwarze Erle (S. 35)

Kurzgestielte braunviolette Knospen und grüne Kätzchen

Roteiche (S. 33)

Viele rotbraune Knospen an graugrünen Zweigen, mit großer Endknopse

Vogelbeere (S. 36)

Große schwärzliche Endknospe mit weißen Haaren

Silberpappel (S. 38)

Kleine, hellbraune, behaarte Knospen an grünen Zweigen

Silberweide (S. 41)

Schmale, nur von einer Schuppe bedeckte Knospen an kurzbehaarten Zweigen

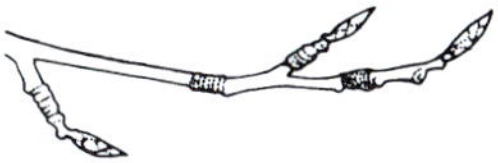

Rotbuche (S. 42)

Lange, schmale, stechende Knospen an braunen Zweigen

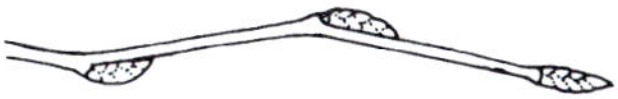

Hainbuche (S. 42)

Braune oder güne Knospen, die dem graubraunen Zweig anliegen

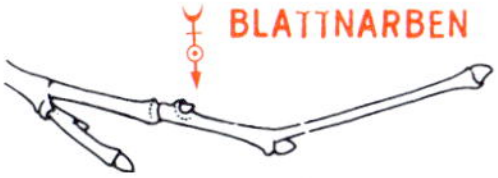

Ahornblättrige Platane (S. 45)

Kegelförmige Knospen, darunter eine ringförmige Blattnarbe

Bergahorn (S. 45)

Große grüne Knospen mit dunkelgerandeten Schuppen an hellbraunen Zweigen

Feldulme (S. 48)

Spitze, braune, behaarte Knospen an dicken Zweigen

Roßkastanie (S. 49)

Große, klebrige Knospen an dicken Zweigen, breite Blattnarben

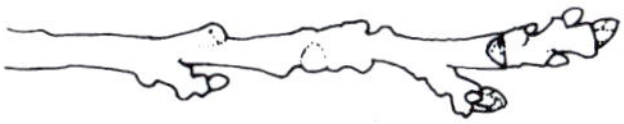

Echte Kastanie (S. 49)

Abgerundete, rotbraune Knospen an knotigen, graubraunen Zweigen

Vogelkirsche (S. 50)

Viele glänzende, rotbraune Knospen an hellbraunen Zweigen

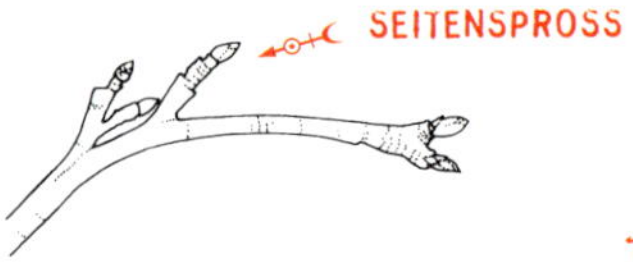

Wilder Apfelbaum (S. 43)

Kleine, braune, behaarte, dreieckige Knospen, oft an einer Seite der glänzenden Zweige

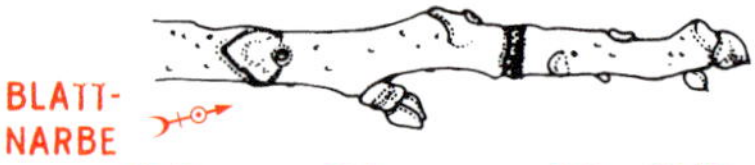

Walnußbaum (S. 51)

Große, schwarze, seidig behaarte Knospen an dicken Zweigen

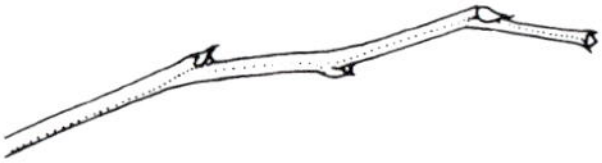

Gemeine Robinie (S. 52)

Spitze Knospen zwischen kleinen Dornen an gerippten Zweigen

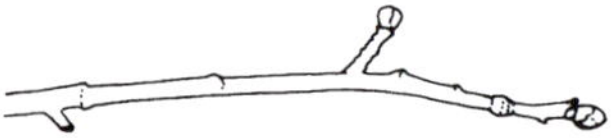

Elsbeere (S. 59)

Flache grüne Knospen mit braunrandigen Schuppen an hellbraunen Zweigen

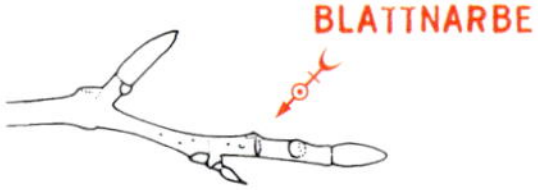

Tulpenbaum (S. 55)

Flache, purpurne, kurzgestielte Knospen an hellbraunen Zweigen

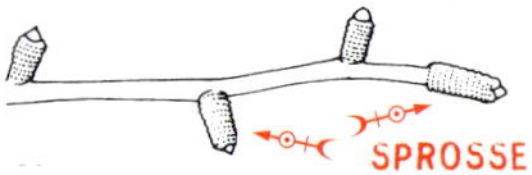

Ginkgobaum (S. 55)

Dicke, rotbraune Knospen an rehbraunen Zweigen

Winterlinde (S. 47)

Rotbraune, schiefe Knospen an rötlichen, glatten Zweigen

Wie man einen Rindenabdruck macht

Nimm ein reißfestes, aber nicht zu dickes, unbedrucktes Papier und drücke es fest gegen die Rinde. Reibe mit einem Wachsmalstift vorsichtig über das Papier, bis sich das Rindenmuster auf dem Blatt abzeichnet.

Welcher Rindenabdruck gehört zu welchem Baum? Die richtigen Antworten findest du unten.

1

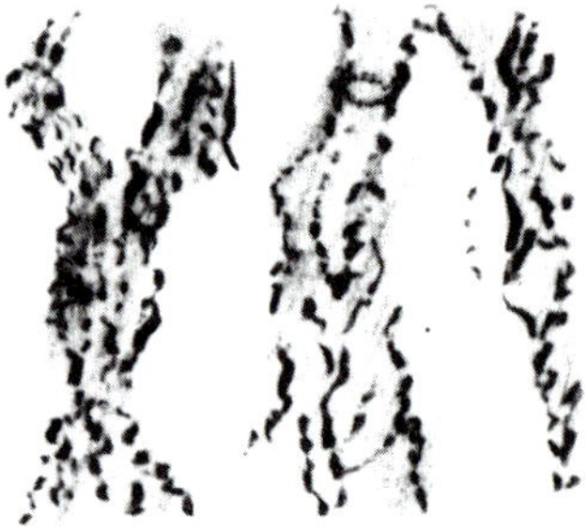

2

3

4

5

1. AHORNBLÄTTRIGE PLATANE, 2. WALNUSSBAUM, 3. ROTBUCHE, 4. STIELEICHE, 5. HÄNGEBIRKE, 6. ECHTE KASTANIE, 7. WALDKIEFER, 8. MEHLBEERE, 9. PYRAMIDENPAPPEL, 10. EUROPÄISCHE LÄRCHE.

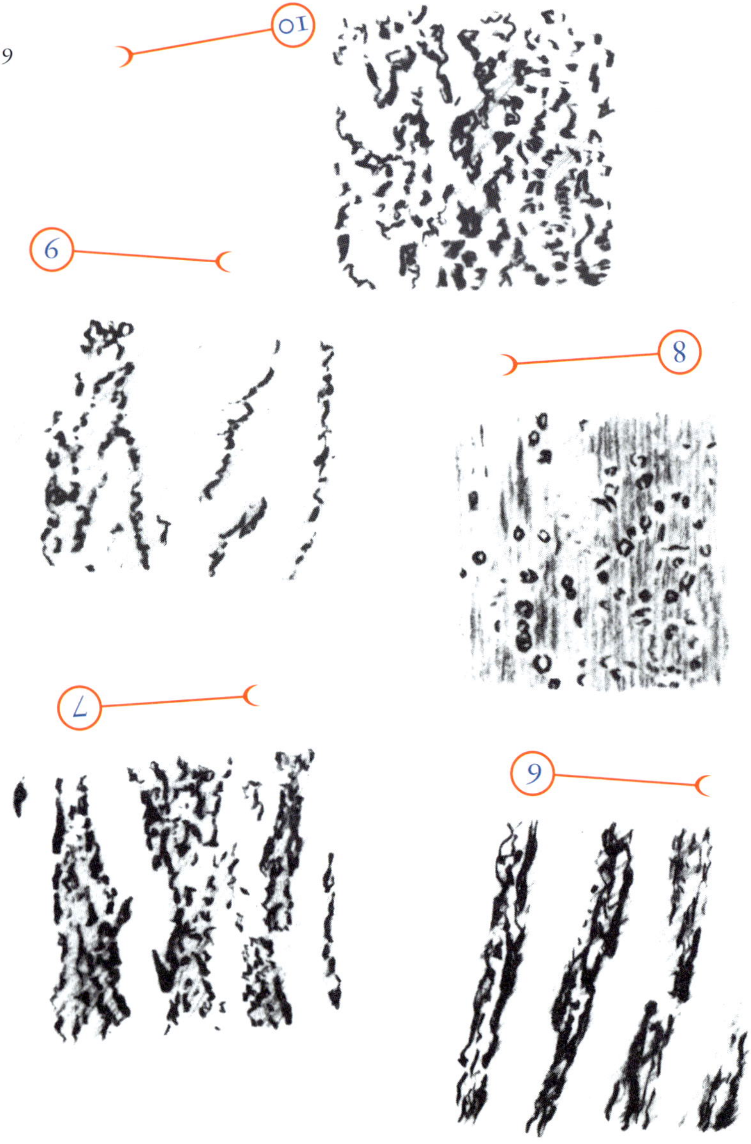

Welche Frucht gehört zu welchem Baum?

Jede Frucht hat eine Nummer. Schreibe die richtige Zahl an jeden Baum. Die Lösungen findest du auf der nächsten Seite.

GEMEINE STECHPALME

ROSSKASTANIE

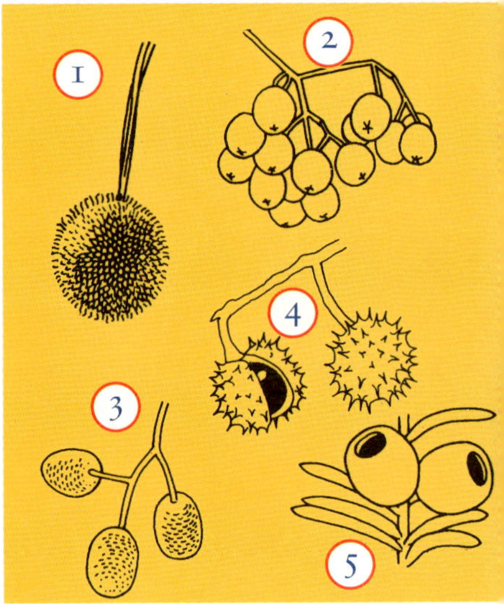

WINTERLINDE

EIBE

TULPENBAUM

AHORNBLÄTTRIGE PLATANE

ÖLBAUM

TRAUBENKIRSCHE

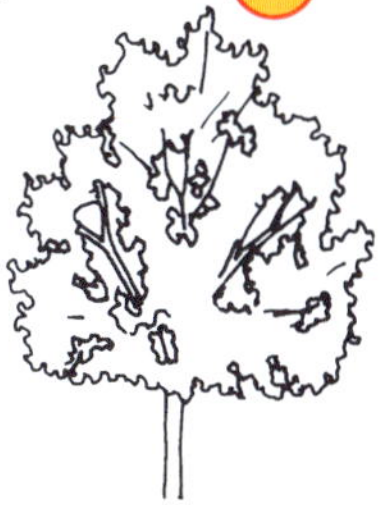

WILDER APFELBAUM

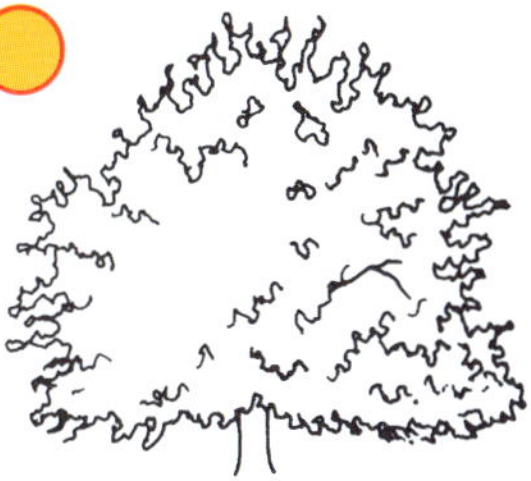

SCHWARZE ERLE

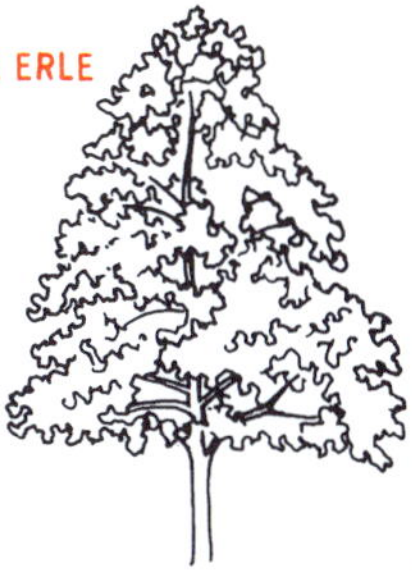

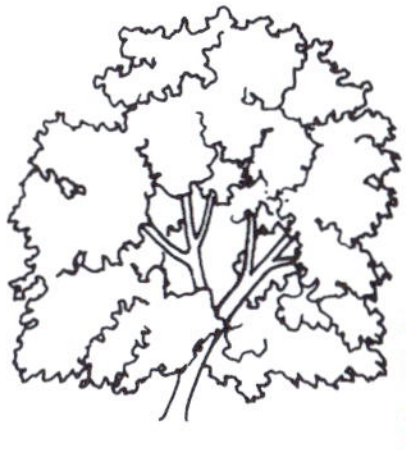

VOGELBEERE

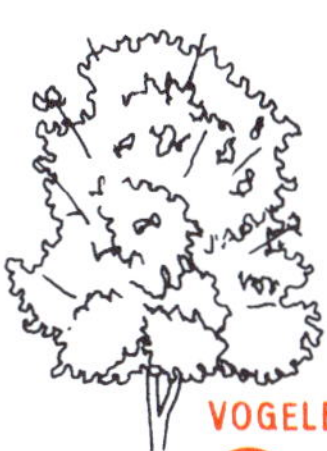

SCHWARZER MAULBEERBAUM

1. AHORNBLÄTTRIGE PLATANE, 2. VOGELBEERE, 3. SCHWARZE ERLE, 4. ROSSKASTANIE, 5. EIBE, 6. WINTERLINDE, 7. WILDER APFELBAUM, 8. TRAUBENKIRSCHE, 9. ÖLBAUM, 10. TULPENBAUM, 11. SCHWARZER MAULBEERBAUM, 12. GEMEINE STECHPALME.

Vom Keimling zum Baum

Man kann es kaum glauben, aber auch der mächtigste Baum entsteht aus einem winzigen Keimling. An einer Eichel können wir das einmal beobachten.

1

Bringe von der nächsten Wanderung einige Eicheln mit und lege sie über Nacht in Wasser, damit sie quellen.

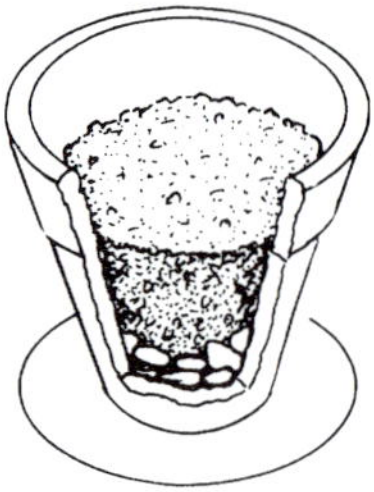

2

Ein Blumentopf wird unten mit Steinen, darüber mit Blumenerde gefüllt. Stelle den Topf auf eine Untertasse und feuchte die Erde an.

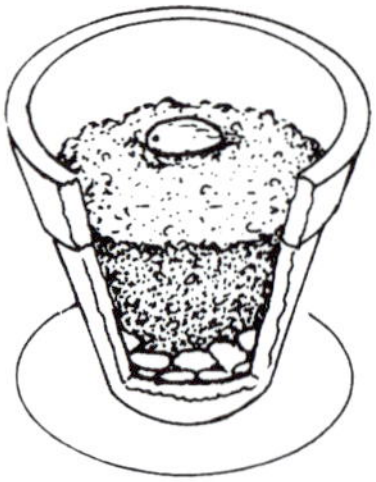

3

Lege 1 – 2 Eicheln in den Topf und bedecke sie mit einer dünnen Schicht Blumenerde. Drücke die Erde leicht an. Jetzt wird noch einmal gegossen.

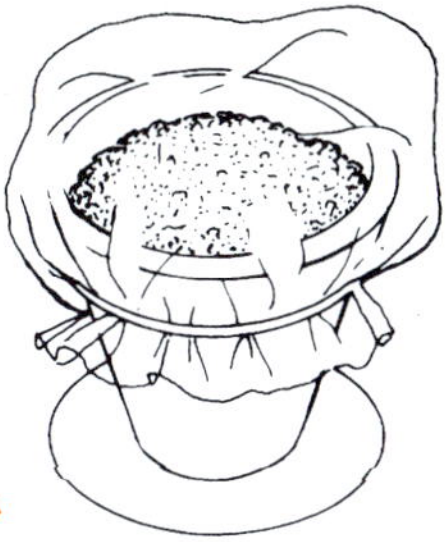

4

Stülpe eine durchsichtige Plastiktüte über den Topf und befestige sie mit einem Gummiband. Stelle den Topf auf das Fensterbrett oder an einen anderen hellen Ort.

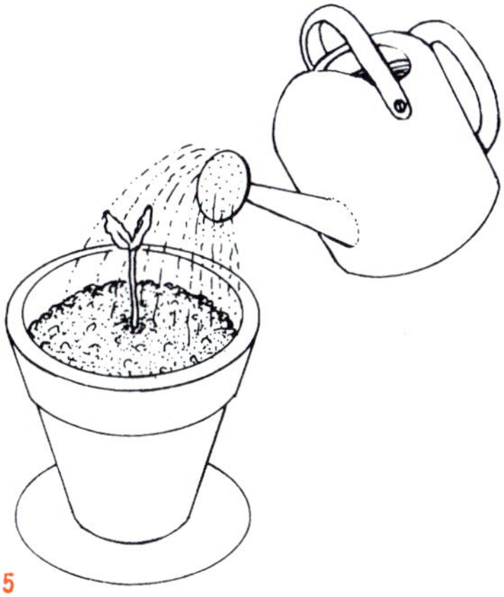

5

Sobald der Keimling die Erde durchbricht, nimmst du die Plastiktüte ab und gießt den Topf regelmäßig zweimal in der Woche. Die Erde soll immer feucht sein, aber es darf kein Wasser darüber stehen.

6

Wenn möglich, solltest du deinen Topf im Sommer ins Freie stellen. Im Herbst kannst du den jungen Baum bereits auspflanzen. Ist er aber noch sehr klein, stelle den Topf in ein Kellerfenster.

Grabe zum Auspflanzen eine Grube,
die etwas größer ist als der Topf.
Setze die Pflanze mit der Topferde
zusammen ein, drücke sie gut an
und vergiß nicht, sie zu gießen.

7

Punktekarten

Die Bäume sind in den Punktekarten in der gleichen Reihenfolge verzeichnet wie im Text. Wenn du unterwegs Bäume bestimmst, trage an der entsprechenden Stelle das Datum der Beobachtung ein. Am Schluß rechnest du alle Punkte zusammen, die du an diesem Tag erreicht hast.

Seite	Art (Name des Baumes)	Pkt.	Datum	Datum	Datum
13	Waldkiefer	5			
13	Strandkiefer	15			
14	Pinie	15			
14	Drehkiefer	15			
15	Schwarzkiefer	25			
15	Aleppokiefer	25			
16	Zirbelkiefer, Arve	15			
16	Montereykiefer	25			
17	Gemeine Fichte	5			
17	Sitkafichte	25			
18	Europäische Lärche	5			
18	Japanische Lärche	15			
19	Nutka-Scheinzypresse	15			
19	Weißtanne	5			
20	Griechische Tanne	25			
20	Spanische Tanne	25			
21	Riesentanne	15			
21	Silbertanne, Edeltanne	15			
22	Douglasfichte	15			
22	Westamer. Hemlockstanne	15			
23	Riesenlebensbaum	15			
23	Lawsons-Scheinzypresse	5			
		Summe			

Seite	Art (Name des Baumes)	Pkt.	Datum	Datum	Datum
24	Echte Zypresse	15			
24	Monterey-Zypresse	25			
25	Sumpfzypresse	15			
25	Bastardzypresse	25			
26	Sicheltanne	25			
26	Wacholder	5			
27	Eibe	5			
27	Urwelt-Mammutbaum, Metasequoia	15			
28	Immergr. Mammutbaum	15			
28	Echter Mammutbaum	15			
29	Atlaszeder	15			
29	Libanonzeder	15			
30	Chilenische Araukarie	25			
30	Himalajazeder	15			
31	Stieleiche	5			
31	Traubeneiche	5			
32	Steineiche	15			
32	Zerreiche	15			
33	Korkeiche	15			
33	Roteiche	5			
34	Gemeine Esche	5			
		Summe			

Seite	Art (Name des Baumes)	Pkt.	Datum	Datum	Datum
34	Mannaesche	15			
35	Schwarze Erle	5			
35	Grauerle	5			
36	Vogelbeere, Eberesche	5			
36	Mehlbeere	5			
37	Zitterpappel	5			
37	Schwarzpappel	5			
38	Silberpappel	5			
38	Rauhfruchtpappel	15			
39	Pyramidenpappel	5			
39	Graupappel	15			
40	Salweide	5			
40	Bruchweide	5			
41	Silberweide	5			
41	Hängebirke	5			
42	Rotbuche	5			
42	Hainbuche	5			
43	Wilder Apfelbaum	15			
43	Wilder Birnbaum	15			
44	Scheinbuche	25			
44	Flatterulme	5			
45	Ahornblättrige Platane	5			
		Summe			

Seite	Art (Name des Baumes)	Pkt.	Datum	Datum	Datum
45	Bergahorn	5			
46	Spitzahorn	5			
46	Feldahorn	5			
47	Winterlinde	5			
47	Silberlinde	15			
48	Feldulme	5			
48	Bergulme	5			
49	Roßkastanie	5			
49	Echte Kastanie	15			
50	Vogelkirsche	5			
50	Traubenkirsche	5			
51	Schwarzer Maulbeerbaum	15			
51	Walnußbaum	5			
52	Gemeine Robinie	5			
52	Gemeiner Goldregen	5			
53	Gemeine Stechpalme	5			
53	Tamariske	15			
54	Ölbaum	25			
54	Zwergpalme	25			
55	Tulpenbaum	15			
55	Ginkgobaum	15			
56	Sanddorn	5			
	Summe				

Seite	Art (Name des Baumes)	Pkt.	Datum	Datum	Datum
56	Faulbaum	5			
57	Eingriffeliger Weißdorn	5			
58	Zweigriffeliger Weißdorn	5			
58	Gemeiner Schneeball	5			
58	Elsbeere	5			

Summe			
Gesamt-Summe			

Erklärung der Fachwörter

Blattnarbe: Die Ansatzstelle des Blattstiels nach dem Abfallen des Blattes.
Blüte: Ein Sproß begrenzten Wachstums.
Dolde: Eine Gruppe von Blüten (Blütenstand), deren Stiele alle am gleichen Punkt ansetzen.
Doldenrispe: Eine Rispe, bei der die Blüten der einzelnen Äste in einer Ebene enden.
Eingeschlechtig: Die Blüten einer Pflanze enthalten entweder nur Fruchtblätter (weiblich) oder nur Staubblätter (männlich).
Frucht: Ein aus der Blüte hervorgegangenes Organ der Pflanze, das den Samen bis zur Reife umhüllt und seiner Verbreitung dient.
Fruchtbecher: Eine becherförmige Achsenwucherung, die die Früchte umgibt.
Häufig: Die Pflanzenart kommt an ihren Fundorten in großer Individuenzahl vor.
Hülse: Eine Frucht, die sich bei der Reife ganz oder teilweise öffnet und die Samen freigibt.
Knospe: Die noch nicht voll entwickelte Spitze des Sprosses.
Nerven: Leitgewebe, durch das die Nähr- und Aufbaustoffe, die die Pflanze benötigt, transportiert werden.
Rispe: Eine mehrfach verzweigte Traube, deren Äste jeweils eine Endblüte besitzen.
Same: Verbreitungsorgan der Samenpflanzen.
Staubgefäße: Staubblätter; männliches Blütenorgan.
Scheinfrucht: Ganze Blütenstände, die bei der Reife das Aussehen einer Einzelfrucht annehmen.
Steinfrucht: Eine mehr oder weniger fleischige Frucht mit hartem Steinkern.
Traube: Eine Gruppe von Blüten (Blütenstand) mit mehr oder weniger gleich langen Seitenachsen.
Verbreitet: Das Verbreitungsgebiet der Pflanzenart weist regionale Lücken auf.
Zerstreut: Das Verbreitungsgebiet der Pflanzenart ist durch größere Lücken unterbrochen.

Namensverzeichnis